Vorwort

Hybrid-Food!
Dieser Name hört sich im ersten Moment etwas befremdlich an.
Bei Hybrid-Food werden 2 Rezepte zu einem kombiniert.
Mit den richtigen Zutaten und der richtigen Zusammenstellung kann man richtig tolle Gerichte mit Hingucker-Effekt herstellen - zum Beispiel die Tomaten-Zucchinicreme-Suppe.
Der Ideenvielfalt sind bei Hybrid-Food nur wenig Grenzen gesetzt.

Dabei ist es mir wichtig, dass **Sie** Spaß und Freude am Kochen und Backen finden!
Daher ist dieses Rezeptbuch so aufgebaut, dass so ziemlich jeder damit zurecht kommt und seine Freude am Kochen und Backen findet.
Auch wenig Erfahrene werden mit diesem Rezeptbuch Erfolg haben!
Sie werden feststellen   ES SCHMECKT!

Zu jedem Rezept gibt es mindestens ein Bild auf dem das Ergebnis (das Gericht) dargestellt ist.
Die Bilder sind alle Original von mir, ungeschönt und echt.
Mindestens so sieht es bei Ihnen auch aus!

Nützliche Hinweise sind mit dem Wort „**Tipp**" gekennzeichnet und die Hinweise sind in Kursivschrift geschrieben.
Schlussbemerkungen sind mit „**PS**" gekennzeichnet und die Bemerkung ist in Kursivschrift geschrieben.

Abschließend möchte ich mich noch bei allen bedanken, die mich unterstützt haben, meine Rezepte probierten, die Rezepte nachgekocht und gebacken haben und mir das nötige Feedback gegeben haben.

Auch herzlichen Dank an alle, die dieses Rezeptbuch kaufen, damit arbeiten und es vielleicht sogar weiter empfehlen!!! ☺ ☺

Inhalt

Vorwort.. 1

Teil 1 – Bilder zu Rezepten 4

Herzhafte Suppen, Hauptgerichte, Beilagen 19

Bolognese-Seelen (Schwäbisches Baguette) al forno 19

Bolognese-Tortellini al forno.. 21

Bratkartoffel-Püree 23

Cevapcici-Roulade... 25

Chicken Nuggets-Kräutertaschen.. 27

Curryreis-Hackbällchen 30

Currywurst-Burger.. 32

Makkaroni-Hackbraten 34

Nudel-Hackbällchen.. 36

Nudel-Omelett mit Würstchen-Zucchini-Gulasch................. 38

Pizza-Burger... 40

Reis-Nudeltasche... 42

Rösti-Pizza 43

Schillerlocken-Dogs 45

Schnitzel-Ravioli 48

Schweinebratenklos... 50

Spaghetti-Burger 53

Spaghetti-Flädlesuppe 55

Spaghetti-Pizza 57

Tomaten-Zucchinicreme-Suppe 59

Waffeln-Hacktaler-Rührei 62

Teil 2 – Brötchen, Gebäck und Kuchen 64

Apfelschmarrn-Käsekuchen 64

Apku-Zweku-Torte oder Apfel-Zwetschgentorte 67

Bananenroulade-Mascarpone-Kastenformkuchen 71

Brioche-Muffin (Broiffin) 75

Croissants-Bagels (Cragel) 77

Croissants-Donuts (Cronuts) 80

Ei-Cupcake mit Schnittlauchdip-Topping 84

Strudel im Strudel 87

Windiner (Windbeutel-Berliner) 90

Notizen 92

Teil 1 – Bilder zu Rezepten

Bolognese-Seelen (Schwäbisches Baguette) al forno

Bolognese-Tortellini al forno

Bratkartoffel-Pürree

Cevapcici-Roulade

Chicken-Nuggets-Kräutertaschen

Curryreis-Hackbällchen

Currywurst-Burger

Makkaroni-Hackbraten

Nudel-Hackbällchen

Nudel-Omelett mit Würstchengulasch

Pizza-Burger

Reis-Nudeltasche

Rösti-Pizza

Schillerlocken-Dogs

Schnitzel-Ravioli

Schweinebraten-Klos

Spaghetti-Burger

Spaghetti-Flädlesuppe

Spaghetti-Pizza

Tomaten-Zucchinicreme-Suppe

Waffeln-Hacktaler-Rührei

Apfelschmarrn-Käsekuchen

Apku-Zweku-Torte oder Apfel-Zwetschgentorte

Bananenroulade-Mascarpone-Kastenformkuchen

Brioche-Muffin

Croissants-Bagels

Croissants-Donuts

Ei-Cupcake mit Schnittlauchdipp-Topping

Strudel im Strudel

Windiner

Herzhafte Suppen, Hauptgerichte, Beilagen

Bolognese-Seelen (Schwäbisches Baguette) al forno

Zeit: ca. 40 Minuten

Zutaten für 4 Seelen

Zutaten:

4 Seelen

1 große Zwiebel (geschält, klein gehackt)
400 g gemischtes Hackfleisch
2 Dosen passierte Tomaten
2 Knoblauchzehen (geschält, klein gehackt)
1/2 Teelöffel Salz
1/2 Teelöffel Pfeffer
1/2 Teelöffel Paprika, edelsüß
1/2 Teelöffel Chilipulver

300 g geriebener Käse, der zum Überbacken geeignet ist

Außerdem:
Etwas Olivenöl zum Anbraten

Zubereitung:

Für die Bolognese Soße in einem Topf etwas Olivenöl erhitzen.
Die geschälte und feingehackte Zwiebel in den Topf geben und glasig dünsten.
Das Hackfleisch dazu geben und kurz anbraten.
Die passierten Tomaten und die Gewürze dazu geben und ca. 20 Minuten auf mittlerer Hitze köcheln.
Ab und zu umrühren damit nichts am Topfboden anklebt.

Die Seelen in der Mitte durchschneiden und quer halbieren.

Mit der Schnittfläche nach oben auf ein Backblech legen.

Die Bolognese Soße gleichmäßig auf den Seelen verteilen und mit dem geriebenen Käse bestreuen.

Im vorgeheizten Backofen auf ca. 200 °C für ca. 15 Minuten auf mittlerer Schiene überbacken.

Tipp: *Beim Überbacken auf mittlerer Schiene dauert es zwar etwas länger aber dafür werden die Seelen schön knusprig.*

PS: *Sollte bei Spaghetti-Bolognese mal Soße übrig bleiben, so ist das ein super Reste-Essen.*
Es ist auch ein hervorragendes Partyrezept, da es sehr schnell geht, wenn die Soße vorbereitet ist, der Käse gerieben ist und die Seelen aufgeschnitten sind.

Bolognese-Tortellini al forno

Zeit: ca. 40 Minuten

Zutaten für 3 Portionen:

Zutaten:

1 kleine Zwiebel (geschält, klein gehackt)
200 g gemischtes Hackfleisch
1 Dosen passierte Tomaten
1 Knoblauchzehen (geschält, klein gehackt)
1 große Prise Salz
1 große Prise Pfeffer
1/2 Teelöffel Paprika, edelsüß
1 große Prise Chilipulver

1 Packung Tortelloni aus dem Kühlregal (250 g)

300 g geriebener Käse, der zum Überbacken geeignet ist

Außerdem:
Etwas Olivenöl zum Anbraten
Salzwasser zum Kochen der Tortellini

Zubereitung:

Für die Bolognese Soße in einem Topf etwas Olivenöl erhitzen.
Die geschälte und feingehackte Zwiebel in den Topf geben und glasig
dünsten.
Das Hackfleisch dazu geben und kurz anbraten.
Die passierten Tomaten und die Gewürze dazu geben und ca. 20 Minuten
auf mittlerer Hitze köcheln.
Ab und zu umrühren damit nichts am Topfboden anklebt.

Die Tortellini im kochenden Salzwasser ca. 7 – 8 Minuten vorkochen. Anschließend das Salzwasser abgießen und die Tortellini abtropfen lassen. Nun die Tortellini in eine Auflaufform geben. Die Bolognese-Soße darüber geben und danach mit dem geriebenen Käse bestreuen.
Im vorgeheizten Backofen auf ca. 200 °C für ca. 15 Minuten auf mittlerer Schiene fertig garen und überbacken.

PS: *Sollte bei Spaghetti-Bolognese mal Soße übrig bleiben, so ist das ein super Reste-Essen.*
Es ist auch ein hervorragendes Partyrezept, da es sehr schnell geht, wenn die Soße vorbereitet ist, der Käse gerieben ist und die Tortellini vorgekocht sind.

Bratkartoffel-Püree

Zeit: ca. 30 Minuten

Zutaten für 4 Portionen

Püree:
500 g Kartoffeln (mehlig)
1/8 l Milch (heiß)
30 g Butter (geschmolzen)
Etwas Salz

Bratkartoffel:
8 Kartoffeln (fest kochend)
Etwas Salz
Etwas Pfeffer

Außerdem:
Fett oder Margarine zum Anbraten der Kartoffeln

Zubereitung:

Für das Püree die Kartoffel schälen, waschen und würfeln.
In einen Topf mit Wasser und einer guten Prise Salz geben.
Ca. 15 Minuten köcheln lassen bis die Salzkartoffel gar sind.
Anschließend durch eine Presse drücken oder mit einem Kartoffelstampfer stampfen.
In die erhitzte Milch die Butter geben, so dass diese schmilzt.
Die Milch mit der Butter dem Kartoffelgemisch gut unterrühren und zu einem feinen Püree verarbeiten.
Mit Salz abschmecken.

Während die Salzkartoffel köcheln, werden die Bratkartoffel vorbereitet.
Dazu die Kartoffel schälen, waschen und sehr dünn hobeln.

Etwa je 2 dünn gehobelte Kartoffelscheiben in einer mit Fett oder Margarine erhitzte Pfanne gleichmäßig verteilen und eine Seite ca. 5 – 7 Minuten auf mittlerer Hitze anbraten. Nicht rühren, so kleben die Scheiben aneinander und es entsteht eine Art Pfannkuchen. Danach mit einem Pfannenwender vorsichtig wenden und nochmals ca. 5 – 7 Minuten auf mittlerer Hitze anbraten. Nach dem Wenden einen Deckel auflegen so garen die Kartoffel besser.

Tipp: *Am besten arbeitet man mit 2 Pfannen damit es schneller geht.*

Sind die Bratkartoffel fertig wird die Hälfte der Pfanne auf einen warmen Teller gegeben, dann wird ein Esslöffel Püree auf den Bratkartoffeln verteilt und die andere Hälfte der Bratkartoffeln wird darauf gelegt.

PS: Als Beilage mit Gemüse, Fleisch, Wurst direkt auf dem Teller servieren.

Cevapcici-Roulade

Zeit: ca. 40 Minuten

Zutaten für 4 Stück

Zutaten:

200 g Rinderhackfleisch
2 Knoblauchzehen (geschält, klein gehackt)
1/2 Teelöffel Salz
1/2 Teelöffel Pfeffer
1/2 Teelöffel Paprika, edelsüß
1/2 Teelöffel Chilipulver

4 Schweine- oder Rindsrouladen
1 Prise Salz und Pfeffer je Roulade

Für die Soße:
2 Möhren (gewaschen)
1 Scheibe Sellerieknolle
1 Zweig Rosmarin
1 Zweig Thymian
1/2 Bund Petersilie (gewaschen)
50 ml Wasser
+ 200 ml Wasser

Außerdem:
Mehrere Zahnstocher zum Verschließen der Rouladen
Etwas Olivenöl zum Anbraten
1 Esslöffel Mehl zum Andicken

Zubereitung:

Das Hackfleisch und die Gewürze in eine Schüssel geben und alles gut vermengen.
Aus dem Fleischteig 4 lange Cevapcici formen.

Nun die Schweine- oder Rindsrouladen gründlich abwaschen und mit einem Papiertuch trocken tupfen.
Mit Salz und Pfeffer würzen.
Je ein Cevapcici auf eine Roulade legen, aufwickeln und mit Hilfe von Zahnstochern verschließen.

In einer großen Pfanne etwas Olivenöl erhitzen und die Rouladen von allen Seiten, je ca. 3 Minuten, anbraten. Wenn die letzte Seite der Cevapcici-Rouladen angebraten werden die Möhren und die Scheibe Sellerieknolle dazu geben und mitgebraten.
Anschließend die restlichen Soßenzutaten und ca. 50 ml Wasser zugeben.
Bei mäßiger Hitze ca. 15 Minuten mit geschlossenem Deckel garen bis das Wasser fast verdunstet ist.
Nun die Rouladen heraus nehmen und warmstellen.
200 ml Wasser in den Topf, in dem die Rouladen gegart wurden gießen und mit dem Bratensaft aufkochen.
Das Mehl in kaltem Wasser anrühren und in die Soße einrühren. Nochmals kurz aufkochen bis die Soße sämig wird.
Tipp: *Es muss kaltes Wasser zum Anrühren sein, sonst klumpt die Soße.*
Evtl. etwas Wasser nachgießen bis die Soße die gewünschte Konsistenz erreicht.
Abschließend abschmecken.

PS: *Mit Beilagen und Salat serviert ist es ein ganz besonderes Sonntagsmenü.*

Chicken Nuggets-Kräutertaschen

Zeit bei Verwendung eines Fertigblätterteig: 15 Minuten + 40 Minuten Backzeit

Zutaten für 8 Stück

Zutaten:
1 Packung Fertig-Blätterteig
oder
Selbstgemachter Blätterteig:
250 g Butter (kalt)
40 g Mehl

250 g Mehl
1 Teelöffel Zucker
1 Prise Salz
125 ml Wasser (eiskalt)

Schmand-Kräuterfüllung:
150 g Schmand (1 Becher)
2 Esslöffel gehackte Petersilie
1 Prise Salz
1 Prise Pfeffer
1 Prise gemahlenen Rosmarin
1 Zweig Thymian
2 Knoblauchzehen (geschält, gehackt)

1 Packung Chicken Nuggets (aufgetaut)

Außerdem:
Backpapier für das Backblech
1 Eigelb und etwas Milch zum Bestreichen

Zubereitung:

Zuerst wird der Blätterteig gefertigt, wenn man keinen Fertigblätterteig nimmt.
Dazu die 250 g Butter mit dem Mehl verkneten.
Tipp: *Das Mehl sieben. Das vermeidet die Klümpchenbildung.*
Anschließend in Frischhaltefolie wickeln und 20 – 30 Minuten in den Kühlschrank geben.

Ist die Mehl-Butter im Kühlschrank werden anschließend das Mehl, der Zucker, das Salz und das Wasser in eine Rührschüssel gegeben und zu einem Knetteig verarbeitet.
Tipp: *Das Mehl sieben. Das vermeidet die Klümpchenbildung.*
Diesen Teig ebenfalls in Frischhaltefolie wickeln und 20 – 30 Minuten in den Kühlschrank geben

Nach der Kühlzeit die Mehl-Butter aus dem Kühlschrank nehmen und auf der bemehlten Arbeitsfläche glatt drücken, ca 20 x 20 cm.
Den Knetteig zu einem Quadrat ca. 25 x 25 cm ausrollen. Die Mehl-Butter in die Mitte des ausgerollten Knetteigs legen und die Ecken, wie bei einem Briefumschlag, zur Mitte hin einschlagen.
Den Teig gut zusammendrücken, damit die Butter nicht heraus drücken kann.

Den Teig nun ca. 1 – 1,5 cm dick ausrollen und in Drittel zusammenklappen. Den Teig in Frischhaltefolie geben und ca. 30 Minuten in den Kühlschrank legen.

Nach der Kühlzeit, den Teig, gedrittelt ausrollen. Nochmals zu Drittel zusammenklappen und den Vorgang wiederholen.
Anschließend den Teig in Frischhaltefolie geben und ca. 30 Minuten in den Kühlschrank legen.

Nach der erneuten Kühlzeit, den Teig, gedrittelt ausrollen. Nochmals zu Drittel zusammenklappen und den Vorgang wiederholen.
Insgesamt wurde der Teig 5 x gedrittelt.
Anschließend den Teig in Frischhaltefolie geben und ca. 30 Minuten in den Kühlschrank legen.

Nach dieser letzten Kühlzeit kann der Teig verarbeitet werden.

Diesen Blätterteig zu einem Rechteck ca. 20 x 30 cm ausrollen oder den Fertigblätterteig von der Rolle abwickeln und in 8 Rechtecke schneiden.

Den Schmand in einer kleinen Schüssel mit den Kräutern und Gewürzen gut verrühren.
Die Masse auf den Rechtecken verteilen und glatt streichen. Dabei einen ca. 2 cm breiten Rand freilassen.

Je Rechteck 1 – 2 Chicken Nuggets darauf legen und nach unten einschlagen. Wenn noch Blätterteig übrig ist kann ein Zierband darum gelegt werden.
Auf ein mit Backpapier belegtes Blech legen, nochmals 20 Minuten an einem kühlen Ort ruhen lassen und dann auf mittlerer Schiene bei ca. 200 ° - 220 ° C backen.
Tipp: *Diese Ruhezeit sollte dem Teig unbedingt gegeben werden, sonst geht er nicht richtig auf.*

Nach 20 Minuten das Eigelb mit etwas Milch verrühren und die Taschen damit bestreichen.
Nochmals ca. 20 Minuten fertig backen.
Tipp: *Die Taschen nicht sofort vor dem Backen mit Eigelb bestreichen, sonst werden die Taschen zu dunkel.*

P.S.: Dazu passt Gemüse und Salat.

Curryreis-Hackbällchen

Zeit: ca. 40 Minuten

Zutaten für 5 Stück

Zutaten:

200 g Rinderhackfleisch
1 Ei
50 g Semmelbrösel
1 kleine Zwiebel (geschält, sehr klein gehackt)
1 Knoblauchzehen (geschält, klein gehackt)
1/2 Teelöffel Salz
1/2 Teelöffel Pfeffer

100 g gekochter Reis
1/2 Teelöffel Curry im Kochwasser

Für die Soße:
2 Möhren (gewaschen)
1 Scheibe Sellerieknolle
1 Zweig Rosmarin
1 Zweig Thymian
1/2 Bund Petersilie (gewaschen)
50 ml Wasser
+ 200 ml Wasser

Außerdem:
Etwas Mehl zum Formen der Klöße
Etwas Olivenöl zum Anbraten
1 Esslöffel Mehl zum Andicken

Zubereitung:

Das Hackfleisch, das Ei, die Semmelbrösel und die Gewürze in eine Schüssel geben und alles gut vermengen.

Mit bemehlten Händen aus dem Fleischteig 5 flache Fladen drücken. Einen Esslöffel nach Anleitung gekochter Reis geben und zu Kugeln zusammendrücken und formen.

Tipp: Beim Kochen des Reises einen 1/2 Teelöffel Curry in das Kochwasser geben. Das gibt eine tolle Farbe und Geschmack.

In einer großen Pfanne etwas Olivenöl erhitzen und die Bällchen von allen Seiten, je ca. 3 Minuten, anbraten. Wenn die letzte Seite der Bällchen angebraten wird die Möhren und die Scheibe Sellerieknolle dazu geben und mitbraten.

Anschließend die Reis-Hackbällchen herausnehmen und warmstellen. Zu dem Gemüse in der Pfanne die restlichen Soßenzutaten und ca. 200 ml Wasser zugeben.

Bei mäßiger Hitze ca. 20 Minuten mit geschlossenem Deckel garen.

Das Mehl in kaltem Wasser anrühren und in die Soße einrühren. Nochmals kurz aufkochen bis die Soße sämig wird.

Tipp: Es muss kaltes Wasser zum Anrühren sein, sonst klumpt die Soße.

Evtl. etwas Wasser nachgießen bis die Soße die gewünschte Konsistenz erreicht.

Abschließend abschmecken.

Currywurst-Burger

Zeit: ca. 20 Minuten

Zutaten für 2 Burger

Zutaten:

2 XL-Burgerbrötchen (abgepackt z. Bsp. v. Rewe)

Belag:
2 Teelöffel Mayonnaise
2 Teelöffel Ketchup
1 Paar Bratwürste oder Weißwürste
2 große Kopfsalatblätter (gewaschen)
4 – 6 Scheiben Salatgurken (gewaschen)
4 Scheiben Tomate (gewaschen)
4 Scheiben Scheiblettenkäse

Soße:
150 g Tomatenketchup
100 ml Wasser
1/2 Teelöffel Cayennepfeffer
1/2 Teelöffel Fleisch-/Gemüsebrühe (gekörnt)
1/2 Teelöffel Paprika, edelsüß
1 Esslöffel Curry
1 Esslöffel Zucker

Außerdem:
Etwas Olivenöl zum Braten der Würste

Zubereitung:

Zuerst das Burgerbrötchen aufschneiden und mit den Innenseiten nach unten auf den Brötchenaufsatz des Toasters legen und kurz rösten.
Tipp: *So werden die Burger knuspriger.*

Je 1 Teelöffel Mayonnaise auf die aufgeschnittenen Burgerbrötchenhälften geben und verstreichen. Danach den Vorgang mit dem Ketchup wiederholen.

Zwischenzeitlich in einer höheren Pfanne etwas Olivenöl erhitzen und die Bratwürste/Weißwürste darin von beiden Seiten gut anbraten. Danach herausnehmen und warmstellen.
Alle Soßenzutaten in das Bratenöl geben und kurz aufkochen.

Dann die beiden Burgerhälften, mit je einem Blatt Salat belegen. Darauf die Currywurst, dann die Soße. Nun mit den Gurkenscheiben und den Tomatenscheiben belegen. Darauf je 2 Scheiben Scheiblettenkäse geben und den mit Mayonnaise und Ketchup bestrichene Burgerhälfte abschließen.

Im vorgeheizten Backofen auf ca. 220 °C für ca. 5 – 7 Minuten auf mittlerer Schiene überbacken bis der Käse geschmolzen ist.

PS: *Dazu Salat servieren.*

Makkaroni-Hackbraten

Zeit: ca. 50 – 60 Minuten

Zutaten für 4 Portionen

Zutaten:

500 g Rinderhackfleisch
1 Ei
80 g Semmelbrösel
1 große Zwiebel (geschält, sehr klein gehackt)
3 – 4 Knoblauchzehen (geschält, klein gehackt)
1/2 Teelöffel Salz
1/2 Teelöffel Pfeffer

300 – 400 g Bauchspeck in dünnen Scheiben

250 g Makkaroni (gekocht)

Für die Soße:
2 Möhren (gewaschen)
1 Scheibe Sellerieknolle
1 Zweig Rosmarin
1 Zweig Thymian
1/2 Bund Petersilie (gewaschen)
300 ml Wasser

Außerdem:
Ca. 40 cm Frischhaltefolie zum Aufrollen des Hackbratens
Etwas Olivenöl zum Anbraten
1 Esslöffel Mehl zum Andicken

Zubereitung:

Das Hackfleisch, das Ei, die Semmelbrösel und die Gewürze in eine Schüssel geben und alles gut vermengen.

Die Frischhaltefolie auf der Arbeitsplatte ausbreiten und die Bauchspeckscheiben 2 Scheiben etwas überlappend hintereinander legen. So alle Bauchspeckscheiben leicht überlappend nebeneinander leben, so dass eine Fläche von ca. 30 x 25 cm entsteht.

Auf den Bauchspeck wird löffelweise das Hackfleischgemisch verteilt und zu einer ca 2 – 3 cm dicken Platte gedrückt.

Die in Salzwasser gekochten, bissfesten, abgetropften Makkaroni werden möglichst längs in die Mitte der rechteckigen Fläche gelegt. Mit Hilfe der Frischhaltefolie wird der Hackfleischteig mit dem Bauchspeck vorsichtig um die Makkaroni gewickelt.

Den Hackbraten auf einen klein maschigen Gitterrost geben.

Alle Soßenzutaten ein eine Fettpfanne geben.

Den Backofen auf 180 °C vorheizen.
Den Gitterrost mit dem Hackbraten auf die mittlere Schiene geben. Die Fettpfanne mit den Soßenzutaten darunter geben. Bei Umluft ca. 30 – 35 Minuten garen und immer alle 10 Minuten mit dem Bratensaft beträufeln. Wenn der Bauchspeck schön knusprig ist, ist der Hackbraten fertig.
Den Hackbraten warm stellen.

Nun die Soße in einen Topf geben, das Mehl in kaltem Wasser anrühren und in die Soße einrühren. Kurz aufkochen bis die Soße sämig wird.
Tipp: Es muss kaltes Wasser zum Anrühren sein, sonst klumpt die Soße.
Evtl. etwas Wasser nachgießen bis die Soße die gewünschte Konsistenz erreicht.
Abschließend abschmecken.

PS: Mit Beilagen und Salat servieren.

Nudel-Hackbällchen

Zeit: ca. 40 Minuten

Zutaten für 5 Stück

Zutaten:

200 g Rinderhackfleisch
1 Ei
50 g Semmelbrösel
1 kleine Zwiebel (geschält, sehr klein gehackt)
1 Knoblauchzehen (geschält, klein gehackt)
1/2 Teelöffel Salz
1/2 Teelöffel Pfeffer

100 g gekochte Nudeln

Für die Soße:
2 Möhren (gewaschen)
1 Scheibe Sellerieknolle
1 Zweig Rosmarin
1 Zweig Thymian
1/2 Bund Petersilie (gewaschen)
50 ml Wasser
+ 200 ml Wasser

Außerdem:
Etwas Mehl zum Formen der Klöße
Etwas Olivenöl zum Anbraten
1 Esslöffel Mehl zum Andicken

Zubereitung:

Das Hackfleisch, das Ei, die Semmelbrösel und die Gewürze in eine Schüssel geben und alles gut vermengen.
Mit bemehlten Händen aus dem Fleischteig 5 flache Fladen drücken. Einen Esslöffel gekochte Nudeln darauf legen und zu Kugeln zusammendrücken und formen.

In einer großen Pfanne etwas Olivenöl erhitzen und die Bällchen von allen Seiten, je ca. 3 Minuten, anbraten. Wenn die letzte Seite der Bällchen angebraten wird die Möhren und die Scheibe Sellerieknolle dazu geben und mitbraten.
Anschließend die Nudel-Hackbällchen herausnehmen und warmstellen. Zu dem Gemüse in der Pfanne die restlichen Soßenzutaten und ca. 200 ml Wasser zugeben.
Bei mäßiger Hitze ca. 20 Minuten mit geschlossenem Deckel garen.
Das Mehl in kaltem Wasser anrühren und in die Soße einrühren. Nochmals kurz aufkochen bis die Soße sämig wird.
Tipp: *Es muss kaltes Wasser zum Anrühren sein, sonst klumpt die Soße.*
Evtl. etwas Wasser nachgießen bis die Soße die gewünschte Konsistenz erreicht.
Abschließend abschmecken.

Nudel-Omelett mit Würstchen-Zucchini-Gulasch

Zeit: ca. 35 – 40 Minuten

Zutaten für 4 Portionen

Würstchen-Zucchini-Gulasch:
1 Zwiebel (geschält, klein geschnitten)
2 mittelgroße Zucchini (gewaschen, längs halbiert und in Scheiben geschnitten)
4 Rote Würste (in Scheiben geschnitten)
1 Dose stückige Tomaten oder 7 Tomaten frisch enthäutet (klein gewürfelt)
Etwas Salz, Pfeffer Chilipulver, Paprikapulver, Curry und Knoblauchpulver zum Würzen
1 Esslöffel Mehl

Omelett:
8 Eier (2 Eier je Omelett)
160 g gekochte Nudeln (40 g je Omelett)
Etwas Salz

Außerdem:
Etwas Olivenöl zum Braten
1 Bund gehackte Petersilie zum Bestreuen der Omeletts

Zubereitung:

Für die Füllung die Zwiebel schälen und klein schneiden.
Etwas Ölivenöl in einem Topf erhitzen und die Zwiebelstückchen leicht glasig dünsten.
Die Zucchini waschen, längs halbieren und in Scheiben schneiden. Die Zucchini den Zwiebelstückchen zugeben und ca. 3 Minuten mitbraten.
Die Würste in Scheiben schneiden und anschließend auch zugeben und das Ganze nochmals 3 – 5 Minuten braten.

Danach die Dose gestückelte Tomaten bzw. die gehäuteten gestückelten Tomaten zugeben und aufkochen.

Salz, Pfeffer, Chilipulver, Paprikapulver, Curry und Knoblauchpulver nach Geschmack in das Gulasch geben.

Das Gulasch ca. 7 – 10 Minuten auf mittlerer Flamme köcheln.

Anschließend 1 Esslöffel Mehl mit kaltem Wasser anrühren und in das Gulasch einrühren und andicken.

Tipp: Es muss kaltes Wasser zum Anrühren sein, sonst klumpt das Mehl beim Einrühren.

Zum Abschluss das Gulasch mit den Gewürzen abschmecken.

Während das Gulasch gart werden die Omeletts gefertigt.

Die Omeletts werden portionsweise gefertigt.

Hierzu je 2 Eier mit einer kleinen Prise Salz aufschlagen und die gekochten 40 g Nudeln je Omelett zugeben.

Etwas Olivenöl in einer Pfanne erhitzen und die Omelett-Masse gleichmäßig darin verteilen. Bei schwacher Hitze ca. 3 Minuten stocken lassen. Dann das Omelett vorsichtig wenden und nochmals 3 Minuten fertig braten.

Sind die Omeletts gefertigt, das Omelett mit der Füllung im Teller anrichten.

Mit gehackter Petersilie bestreuen und servieren.

PS: Ein wunderbares Resteessen.

Pizza-Burger

Zeit: ca. 15 Minuten

Zutaten für 2 Pizzen (1 Burgerbrötchen)

Zutaten:

1 XL-Burgerbrötchen (abgepackt z. Bsp. v. Rewe)

Belag:
2 Teelöffel Mayonnaise
2 Teelöffel Ketchup

1 Paar Minisalami (in Scheiben geschnitten) oder Schinken
100 g geriebener Käse (zum Überbacken geeigneter Käse, z. Bsp. Gouda, Emmentaler, Mozzarella...)

Zubereitung:

Zuerst das Burgerbrötchen aufschneiden und mit den Innenseiten nach unten auf den Brötchenaufsatz des Toasters legen und kurz rösten.
Tipp: *So werden die Pizzen knuspriger.*

Je 1 Teelöffel Mayonnaise auf die aufgeschnittenen Burgerbrötchenhälften geben und verstreichen. Danach den Vorgang mit dem Ketchup wiederholen.

Dann die beiden Burgerhälften, mit der in Scheiben geschnittenen Minisalami oder dem Schinken, belegen.
Abschließend mit dem geriebenen Käse bestreuen.

Im vorgeheizten Backofen auf ca. 220 °C für ca. 7 Minuten auf mittlerer Schiene überbacken.

Tipp: *Beim Überbacken auf mittlerer Schiene dauert es zwar etwas länger aber dafür werden die Pizzen schön knusprig.*

PS: *Dazu Salat servieren.*

Reis-Nudeltasche

Zeit: ca. 30 Minuten

Zutaten für 4 Portionen

160 g gekochte Bandnudeln (ca. 40 g je Tasche)
100 g gekochter Reis (ca. 25 g je Tasche)

Außerdem:
Etwas Salz für das Kochwasser

Zubereitung:

Die Bandnudeln in kochendes Salzwasser geben und ca. 12 – 15 Minuten kochen.
Das Salzwasser abgießen und die Bandnudeln in ein Sieb geben unter heißem Wasser kurz abschwenken.
Den Reis in leicht gesalzenes, kochendes Wasser geben und ca. 12 – 15 Minuten kochen bis der Reis weich ist und das Wasser vom Reis fast aufgenommen wurde.

Einige Bandnudeln nebeneinander legen bis sie eine Fläche von ca. 6 cm in der Breite bedecken.
Die Länge sollte ca. 12 cm betragen. Einfach 2 cm vor Ende der Bandnudel die nächste Bandnudel anfügen. Nun werden Bandnudeln quer eingeflechtet bzw. im Webverfahren (jede 2. Nudel wird angehoben und die quer zu legende Nudel unter die Längsnudel gelegt.

Ist das Geflecht fertig wird je ein Esslöffel gekochter Reis auf eine Hälfte des Nudelgeflechts gegeben und die andere Hälfte des Nudelgeflechts über den Reis geschlagen.

PS: Zwei hervorragende Beilagen zu einer kombiniert. Ist ein Hingucker und schmeckt lecker.

Rösti-Pizza

Zeit: ca. 25 – 30 Minuten

Zutaten für 4 Portionen

Rösti-Pizza Hawaii:
4 tiefgefrorene Rösti
6 Esslöffel passierte Tomaten (1,5 Esslöffel je Rösti)
Etwas Salz, Pfeffer und Knoblauchpulver zum Würzen der passierten
Tomaten
4 Scheiben Kochschinken (Vorder- oder Hinterschinken)
1/2 kleine Dose Ananas gestückelt (gut abgetropft)
300 g geriebenen Käse (ca. 75 g je Rösti)

Rösti-Pizza Salami:
4 tiefgefrorene Rösti
6 Esslöffel passierte Tomaten (1,5 Esslöffel je Rösti)
Etwas Salz, Pfeffer und Knoblauchpulver zum Würzen der passierten
Tomaten
12 Scheiben Salami
300 g geriebenen Käse (ca. 75 g je Rösti)
Etwas Basilikum (kleingeschnitten)

Außerdem:
Fett oder Margarine zum Anbraten der Röstis
Backpapier für das Backblech

Zubereitung:

Die Röstis aus dem Gefrierschrank nehmen.
Das Fett/Margarine in einer Pfanne erhitzen und die Röstis knusprig
anbraten.

Tipp: Die Röstis sollten unbedingt angebraten werden, sonst wird der Rösti-Pizzaboden labberig.

Danach die Röstis auf ein, mit Backpapier belegtem, Backblech legen.

Die Röstis für die Pizza Hawaii mit passierten Tomaten bestreichen.
Je 1,5 Esslöffel je Rösti.
Mit Salz, Pfeffer und Knoblauchpulver würzen.
Anschließend mit dem Schinken belegen. Je eine Scheibe pro Rösti.
Danach die Ananas-Stücke, die gut abgetropft sein sollten, auf die Schinkenscheiben legen und mit dem geriebenen Käse bestreuen.
Ca. 75 g Käse je Rösti.

Die Röstis für die Pizza Salami mit passierten Tomaten bestreichen.
Je 1,5 Esslöffel je Rösti.
Mit Salz, Pfeffer und Knoblauchpulver würzen.
Anschließend mit Salami belegen. Je 3 Scheiben pro Rösti.
Danach den Käse auf der Salami verteilen. Ca. 75 g Käse je Rösti.

Das Backblech mit den Röstis bei ca. 200 °C, bei Ober- und Unterhitze, im oberen Drittel ca. 8 – 10 Minuten backen.
Danach das kleingeschnittene Basilikum auf den mit Salami belegten Röstis streuen.
Tipp: Das Basilikum nicht gleich aufstreuen. Es wird sonst schwarz und unbekömmlich.
Nochmals ca. 5 Minuten backen.
Tipp: Die Rösti-Pizzen sind fertig, sobald der Käse an den Rändern beginnt braun zu werden.

Schillerlocken-Dogs

Zeit: ca. 30 Minuten + (4 x 30 Minuten Kühlzeit, wenn der Blätterteig selbst gemacht wird)

Zutaten für 6 Stück

Zutaten:

6 Hot-Dogs-Würstchen

2 Packung Fertig-Blätterteig
oder
Selbstgemachter Blätterteig:
250 g Butter (kalt)
40 g Mehl

250 g Mehl
1 Teelöffel Zucker
1 Prise Salz
125 ml Wasser (eiskalt)

Außerdem:
Etwas Wasser zum Bestreichen
Backpapier für das Backblech

Zubereitung:

Zuerst wird der Blätterteig gefertigt, wenn man keinen Fertigblätterteig nimmt.
Dazu die 250 g Butter mit dem Mehl verkneten.
Tipp: Das Mehl sieben. Das vermeidet die Klümpchenbildung.

Anschließend in Frischhaltefolie wickeln und 20 – 30 Minuten in den Kühlschrank geben.

Ist die Mehl-Butter im Kühlschrank werden anschließend das Mehl, der Zucker, das Salz und das Wasser in eine Rührschüssel gegeben und zu einem Knetteig verarbeitet.
Tipp: Das Mehl sieben. Das vermeidet die Klümpchenbildung.
Diesen Teig ebenfalls in Frischhaltefolie wickeln und 20 – 30 Minuten in den Kühlschrank geben

Nach der Kühlzeit die Mehl-Butter aus dem Kühlschrank nehmen und auf der bemehlten Arbeitsfläche glatt drücken, ca 20 x 20 cm.
Den Knetteig zu einem Quadrat ca. 25 x 25 cm ausrollen. Die Mehl-Butter in die Mitte des ausgerollten Knetteigs legen und die Ecken, wie bei einem Briefumschlag, zur Mitte hin einschlagen.
Den Teig gut zusammendrücken, damit die Butter nicht heraus drücken kann.

Den Teig nun ca. 1 – 1,5 cm dick ausrollen und in Drittel zusammenklappen. Den Teig in Frischhaltefolie geben und ca. 30 Minuten in den Kühlschrank legen.

Nach der Kühlzeit, den Teig, gedrittelt ausrollen. Nochmals zu Drittel zusammenklappen und den Vorgang wiederholen.
Anschließend den Teig in Frischhaltefolie geben und ca. 30 Minuten in den Kühlschrank legen.

Nach der erneuten Kühlzeit, den Teig, gedrittelt ausrollen. Nochmals zu Drittel zusammenklappen und den Vorgang wiederholen.
Insgesamt wurde der Teig 5 x gedrittelt.
Anschließend den Teig in Frischhaltefolie geben und ca. 30 Minuten in den Kühlschrank legen.

Nach dieser letzten Kühlzeit kann der Teig verarbeitet werden.

Diesen Blätterteig zu einem Rechteck ca. 30 x 25 cm ausrollen oder den Fertigblätterteig von der Rolle abwickeln. Streifen von ca. 4 – 5 cm Breite schneiden.

Nun jedes Würstchen mit den Blätterteigstreifen umwickeln. So umwickeln, dass die Würstchen unten komplett eingeschlossen sind. So sind die Schillerlocken-Dogs als Fingerfood geeignet.

Oben lässt man die Würstchen so ca. 3 – 4 cm ohne Umwickelung.

Die Schillerlocken-Dogs auf ein mit Backpapier belegtem Backblech legen und nochmals ca. 30 Minuten an einen kühlen Ort stellen.

Tipp: Diese Ruhezeit sollte dem Teig unbedingt gegeben werden, sonst geht er nicht richtig auf.

Nach dieser Ruhezeit die Schillerlocken-Dogs mit etwas Wasser bestreichen und bei 200 – 220 °C auf mittlerer Schiene, bei Ober- und Unterhitze ca. 15 Minuten goldbraun backen.

Tipp: Eine Tasse Wasser auf den Backofenboden stellen. Die feuchte Luft fördert das Aufgehen des Blätterteiges.

PS: Ein tolles Partyrezept, da es gut vorbereitet werden kann und als Fingerfood geeignet ist.

PS: Sollte nicht alles verzehrt werden. Die Schillerlocken-Dogs schmecken auch kalt noch sehr gut.

Schnitzel-Ravioli

Zeit: ca. 50 Minuten

Zutaten für 10 Stück (3 Portionen)

Zutaten:

Ravioliteig:
250 g Hartweizenmehl
2 Eier
1 Esslöffel Olivenöl
2 Prisen Salz

Füllung:
2 große Schweine-Schnitzel aus der Oberschale
1/2 Teelöffel Salz
1/2 Teelöffel Pfeffer
150 g geriebener Käse (Käse der zum Überbacken geeignet ist, z. Bsp.
Emmentaler, Gouda, Mozzarella)
3 Esslöffel Ketchup

Für die Soße:
2 Möhren (gewaschen)
1 Scheibe Sellerieknolle
1 Teelöffel Tomatenmark
1 Teelöffel Ketchup
1 Zweig Rosmarin
1 Zweig Thymian
1/2 Bund Petersilie (gewaschen)
50 ml Wasser
+ 200 ml Wasser

Außerdem:
Etwas Olivenöl zum Anbraten
1 Esslöffel Mehl zum Andicken der Soße

Salzwasser für das Kochen der Ravioli

Zubereitung:

Für den Ravioliteig die Zutaten hierfür in eine Rührschüssel geben und ca.
10 – 15 Minuten kneten.
Es entsteht ein sehr fester Teig.
Den Teig zugedeckt ca. 30 Minuten im Kühlschrank ruhen lassen.

Zwischenzeitlich die Schweineschnitzel gründlich abwaschen und mit
einem Papiertuch trocken tupfen.
Mit Salz und Pfeffer würzen.
In einer großen Pfanne etwas Olivenöl erhitzen und die Schnitzel von allen
Seiten, je ca. 3 Minuten, anbraten. Nach dem Wenden der Schnitzel werden
die Möhren und die Scheibe Sellerieknolle dazu geben und mitgebraten.
Die Schnitzel auf ein Schneidebrett geben und in Stücke schneiden.
Nachdem die Schnitzel aus der Pfanne genommen wurden, die restlichen
Soßenzutaten und ca. 200 ml Wasser zugeben.
Bei mäßiger Hitze ca. 15 Minuten mit geschlossenem Deckel mit dem
Bratensaft aufkochen.
Das Mehl in kaltem Wasser anrühren und in die Soße einrühren. Nochmals
kurz aufkochen bis die Soße sämig wird.
Tipp: Es muss kaltes Wasser zum Anrühren sein, sonst klumpt die Soße.
Evtl. etwas Wasser nachgießen bis die Soße die gewünschte Konsistenz
erreicht.
Abschließend abschmecken.

Während die Soße köchelt werden die Ravioli gefertigt und gefüllt.
Hierfür den Teig sehr dünn ausrollen, auf eine entsprechend große
Ravioliform/Teigtaschenform legen. Mit geriebenem Käse, einem Stück
Schnitzel und etwas Ketchup hineinlegen, die Ränder mit Wasser
bestreichen und die Ravioliform/Teigtaschenform zusammenklappen, fest
andrücken und die Ränder abschneiden.

Die Ravioli in kochendes Salzwasser geben und unter mehrfachem Wenden
ca. 15 Minuten garen.
PS: Mit Soße, Schnittlauchdip und Salat ist das ein tolles Gericht.

Schweinebratenklos

Zeit: ca. 2,5 Stunden

Zutaten für 3 Portionen

Serviettenklos:
7 Brötchen (gewürfelt, hart)
120 ml Milch (warm)
2 Eier
1/2 gestrichener Teelöffel Salz
20 g Fett oder Margarine
1 kleine Zwiebel (geschält, klein geschnitten)
1 kleiner Bund Petersilie (klein geschnitten)

Schweinebraten:
500 g Schweinebraten vom Hals
Salz, Pfeffer
40 g Fett zum Anbraten
1 Zwiebel (geschält, halbiert)
1/2 Sellerieknolle
2 Karotten (geschält)
2 Knoblauchzehen (geschält, angedrückt)
Mehrere Stengel Petersilie
1 Zweig Rosmarin
300 ml Wasser
20 g Tomatenmark
2 Esslöffel Ketchup
1 Esslöffel Mehl zum Andicken

Außerdem:
1 fusselfreies Geschirrtuch oder eine Stoffserviette
1 – 2 Esslöffel Mehl
Salzwasser zum Kochen

Zubereitung:

Mit dem Serviettenklosteig wird begonnen.
Die Brötchen sollten bereits am Vortag klein gewürfelt worden und leicht hart sein.
Die Brötchen in eine Rührschüssel geben.
Die warme Milch, die Eier und das Salz dazu geben und mit einem Kochlöffel gut vermengen.
Das Fett oder die Margarine in einer Pfanne erhitzen.
Die Zwiebelwürfelchen darin glasig braun dünsten.
Anschließend die Zwiebelwürfelchen zusammen mit der klein gehackten Petersilie zu den Zutaten in die Rührschüssel geben. Nochmals gut vermengen. Evtl. noch mit etwas Salz abschmecken und den Klosteig mindestens 1 Stunde stehen lassen und durchziehen lassen.

In der Zwischenzeit, das Fleisch gründlich abwaschen und mit einem Küchentuch trocken tupfen.
Mit Salz und Pfeffer gut würzen.
Das Fett in einem Schmortopf auf dem Herd erhitzen. Der Topf sollte auch für den Backofen geeignet sein.
Das Fleisch auf jeder Seite gut anbraten, ca. 2 Minuten je Seite.
Danach die Zwiebel, die Sellerieknolle, die Karotten und die Knoblauchzehen dazugeben und kurz mitbraten.
Tipp: Zerdrücken der Knoblauchzehe: einfach die breite Fläche eines Messers auf die Knoblauchzehe legen und darauf drücken.
Anschließend das Wasser zugeben und zugedeckt ca. 1,5 Stunden in den vorgeheizten Backofen, bei. 150 – 160 °C im unteren Drittel garen und jede halbe Stunde mit dem Bratenfond übergießen.
Tipp: Sollte kein Backofen geeigneter Deckel vorhanden sein, einfach Alufolie auf den Topf legen und andrücken. Vorsicht, wegen der Hitze!

Tipp: Nachfolgendes geht einfacher als es auf den 1 Blick scheint.
Bevor die Garzeit des Schweinebratens vorbei ist, eine Folie mit Mehl bestäuben.
Den Klosteig auf der Folie verteilen und zu einem rechteckigen Fladen in Form drücken.

Wasser und Salz in einen großen Topf geben und erhitzen. Es wird nach Fertigung des Kloses benötigt.

Nun das Fleisch aus dem Topf nehmen und auf einem Brett in dicke Scheiben schneiden.

Diese Scheiben werden längs, mittig auf den Klosteig gelegt. Die Seiten werden mit Hilfe der Folie über das Fleisch geschlagen und zu einer Klosrolle zusammen gedrückt. Anschließend wird die Folie wieder zurück geschlagen und auf ein Geschirrtuch oder eine große Stoffserviette gerollt. Die Klosrolle wird mit dem Geschirrtuch/der Stoffserviette komplett umhüllt und mit Bindedraht oder einer Schnur verschlossen.

Das Geschirrtuch/die Stoffserviette mit der Klosrolle darin in das leicht kochende Salzwasser geben und ca. 20 Minuten ziehen lassen.

In der Zwischenzeit wird die Soße gefertigt.
Hierzu wird das Gemüse aus dem entstandenen Bratenfond genommen.
Das Tomatenmark und den Ketchup in den Bratenfond einrühren und auf dem Herd erhitzen.
Das Mehl in kaltem Wasser anrühren und in die Soße einrühren.
Tipp: Es muss kaltes Wasser zum Anrühren sein, sonst klumpt die Soße.
Evtl. etwas Wasser nachgießen bis die Soße die gewünschte Konsistenz erreicht.
Abschließend abschmecken.

Ist die Klosrolle fertig gekocht, wird sie vorsichtig von dem Geschirrtuch/der Stoffserviette befreit und in Scheiben geschnitten.

PS: Mit Gemüse, Salat und der Soße servieren.

Spaghetti-Burger

Zeit: ca. 30 Minuten

Zutaten für 5 Burger:

Burger-Scheiben:
2 Eier
25 ml Milch
1 Prise Salz
1 Prise Pfeffer
400 g gekochte Spaghetti (ca. 40 g je Burgerscheibe)

Hacktaler:
200 g Rinderhackfleisch
1 Ei
50 g Semmelbrösel
1 kleine Zwiebel (geschält, sehr klein gehackt)
1 Knoblauchzehen (geschält, klein gehackt)
1/2 Teelöffel Salz
1/2 Teelöffel Pfeffer

Belag:
10 Teelöffel Mayonnaise
10 Teelöffel Ketchup
5 Salatblätter
5 große Scheiben Tomate

Außerdem:
Mehrere runde Ausstecher oder mehrere, Ränder einer kleinen runden
Springform, ca. 10 – 12 cm
Etwas Mehl zum Bemehlen der Hände
Etwas Öl oder Margarine für das Braten der Burgerscheiben
Etwas Öl oder Margarine für das Braten der Hacktaler

Zubereitung:

Die Eier mit der Milch und den Gewürzen in einer Rührschüssel geben und verquirlen.
Die, nach Anleitung gekochten Spaghetti, dazu geben und gut vermengen.

Anschließend den Hacktaler-Fleischteig bereiten.
Dazu das Hackfleisch, das Ei, die Semmelbrösel und die Gewürze in eine Schüssel geben und alles gut vermengen.

Mit bemehlten Händen aus dem Fleischteig 5 ca. 15 cm Durchm. große flache Fladen drücken und mit dem runden Ausstecher die Hacktaler fertigen/ausstechen.

In einer beschichteten Form Öl oder Margarine erhitzen. Die runde Form hineinsetzen und ca. 40 g des Nudel-Eigemisches hineingeben. Ca. 3 Minuten auf mittlerer Hitze braten. Danach die runde Form lösen. Die Burgerscheibe wenden und den runden Ausstecher wieder darüber stülpen, damit die Scheibe die Form nicht verliert. Nochmals 3 Minuten braten. Den Vorgang mit dem Spaghetti-Eigemisch solange wiederholen, bis es komplett aufgebraucht ist. Durch Verwendung mehrerer Ausstecher gleichzeitig sind die Burger-Scheiben relativ schnell gefertigt.

Gleichzeitig Etwas Öl oder Margarine in einer anderen beschichteten Pfanne erhitzen und die Fleischtaler von beiden Seiten, je ca. 3 – 4 Minuten, anbraten.

Nun die Burger-Scheiben mit je einem Teelöffel Mayonnaise und Ketchup bestreichen.

Auf eine bestrichene Burger-Scheiben-Seite ein Salatblatt legen, darauf den Hacktaler, dann die Tomatenscheibe und mit der mit Mayonnaise und Ketchup bestrichener Burger-Scheibe abschließen.

P.S: *Dazu passt Salat*

Spaghetti-Flädlesuppe

Zeit: ca. 1 1/4 Stunde für die Suppe und 30 Minuten für die Flädle

Zutaten für 3 Portionen, ca. 6 Flädle:

Gemüsebrühe:
2 Bund Supppengrün (gewaschen)
1/4 Sellerieknolle (gewaschen, grob zerkleinert)
2 gelbe Rüben (gewaschen)
1 Petersilienwurzel (gewaschen)
1 Zwiebel (geschält)
2 Lorbeerblätter
1 Stange Lauch (gewaschen, grob zerkleinert)
Etwas Salz
2 Liter Wasser

Flädle-/Pfannkuchenteig:
200 g Mehl
2 Eier
375 g Milch
Etwas Salz
180 g gekochte Spaghetti (30 g je Flädle/Pfannkuchen)

Außerdem:
Etwas Öl oder Margarine zum Braten
Etwas Petersilie oder Schnittlauch für die Garnitur (gewaschen, klein geschnitten).

Zubereitung:

Für die Brühe das Gemüse waschen, die Zwiebel schälen und alles in einen Topf geben.
Etwas Salz und das Wasser dazu geben.
1 Stunde bei schwacher Hitze kochen lassen.
Die Brühe durch ein Sieb gießen und das Gemüse entfernen.

Wenn die Suppe ca. 1/2 Stunde gekocht hat, wird mit den Pfannkuchen begonnen.

Dazu Mehl, Eier, Milch und Salz in eine Rührschüssel geben und mit einem Rührgerät zu einem dünnflüssigen Teig verarbeiten.

Tipp: Mehl sieben, das verhindert die Klümpchenbildung.

Die Spaghetti auf der Arbeitsplatte lang legen.

Etwas Öl oder Margarine in einer Pfanne erhitzen und etwas vom Teig, gleichmäßig dünn darin verteilen. Ca. 30 g Spaghetti längs nebeneinander auf den Teig geben.

Tipp: Die Spaghetti alle in gleicher Richtung auf den Teig legen, sonst lässt sich der Pfannkuchen später nicht schön aufrollen.

Bei mittlerer Hitze ca. 2 – 3 Minuten auf jeder Seite ausbacken.

So nacheinander die Pfannkuchen fertigen.

Sind alle Pfannkuchen gefertigt, werden sie einzeln aufgerollt und in ca. 1 cm dicke Stücke geschnitten.

Die Röllchen in den Tellern anrichten. Mit Brühe übergießen und mit gehackter Petersilie oder Schnittlauch bestreuen und servieren.

Spaghetti-Pizza

Zeit: ca. 30 Minuten

Zutaten für 1 Blech

Zutaten:

Pizzaboden:
2 Eier
25 ml Milch
1 Prise Salz
1 Prise Pfeffer
400 g gekochte Spaghetti

Belag:
200 g Passierte Tomaten
1 Esslöffel Olivenöl
1 Prise Salz
1 Prise Pfeffer
1 Prise Zucker
500 g – 600 g Champignons (in Scheiben geschnitten)
200 g gekochter Schinken in Scheiben
1 Teelöffel italienische Gewürze
200 g geriebener Käse (zum Überbacken geeigneter Käse, z. Bsp. Gouda, Emmentaler, Mozzarella...)

Außerdem:
Backpapier für das Backblech

Zubereitung:
Die Eier mit der Milch und den Gewürzen in einer Rührschüssel geben und verquirlen.
Die, nach Anleitung gekochten Spaghetti, dazu geben und gut vermengen.

Das Spaghetti-Eigemisch auf ein mit Backpapier belegtes Blech verteilen. Im vorgeheizten Backofen, bei ca. 200 ° C, auf mittlerer Schiene ca. 10 Minuten backen, sodass der
Boden fest wird.

Währenddessen die passierten Tomaten, das Olivenöl, das Salz, den Pfeffer und den Zucker in einer Schüssel gut miteinander vermengen. Die Tomatensoße auf den vorgebackenen Spaghettiboden geben.
Mit Schinken und Pilzen belegen und anschließend mit den italienischen Kräutern bestreuen.
Abschließend den geriebenen Käse verteilen.

Im vorgeheizten Backofen auf ca. 200 °C für ca. 25 – 30 Minuten auf mittlerer Schiene backen.

PS: Dazu Salat servieren.

Tomaten-Zucchinicreme-Suppe

Zeit: ca. 45 Minuten

Zutaten für 3 Portionen

Tomatencreme-Suppe:
2 Teelöffel Margarine
1 Zwiebel (geschält, halbiert)
1 Esslöffel Zucker
7 Tomaten (gewaschen, gestückelt)
2 Esslöffel Tomatenmark
400 ml Wasser
2 Lorbeerblätter
Suppenpulver nach Geschmack
1 Prise Salz
1 Prise Pfeffer
50 – 75 ml Sahne

Zucchinicreme-Suppe:
400 ml Wasser
4 mittelgroße Kartoffeln (gewaschen, geschält, gewürfelt)
1 Zwiebel (geschält)
2 Lorbeerblätter
Suppenpulver nach Geschmack
1 Prise Salz
1 Prise Pfeffer
2 mittelgroße Zucchini (gewaschen, gewürfelt)
125 ml Sahne
100 ml Milch
1 Zwiebel (geschält, halbiert)
1 Esslöffel Mehl zum Andicken

Außerdem:
Basilikum (klein geschnitten)

100 g Brötchenwürfel für die Croutons
1 Esslöffel Butter zum Bräunen der Brötchenwürfel

Zubereitung:

Für die Tomatencreme-Suppe wird die Margarine im Topf erhitzt und die geschälte, halbierte Zwiebel mit der Schnittfläche zum Topfboden angebraten.
Tipp: Der Topf sollte nicht zu niedrig sein, damit später beim Pürieren nichts aus dem Topf spritzt.
Dann den Zucker, die gewaschenen, gestückelten Tomaten und das Tomatenmark zugeben.
Ca. 1 – 2 Minuten, unter Rühren, dünsten und dann mit dem Wasser ablöschen.
Das Suppenpulver, die Lorbeerblätter zugeben und mit Salz und Pfeffer abschmecken.
Etwa 15 Minuten im geschlossenen Topf, bei mäßiger Hitze köcheln. Ab und zu umrühren.
Nach der Kochzeit die Zwiebel und die Lorbeerblätter aus dem Topf nehmen und mit dem Mixstab pürieren.
Tipp: Der Topf sollte nicht zu niedrig sein, damit beim Pürieren nichts aus dem Topf spritzt.
Anschließend durch ein Sieb passieren, damit die Tomatenhäute und Kerne im Sieb zurück bleiben und das Ganze nochmals erhitzen.
Die Sahne zugeben und nochmals kurz abschmecken.

Parallel wird die Zucchinicreme-Suppe gefertigt.
Die gewaschenen, geschälten, gewürfelten Kartoffeln, die Zwiebel und die Lorbeerblätter in einen Topf mit dem Wasser geben.
Tipp: Der Topf sollte nicht zu niedrig sein, damit später beim Pürieren nichts aus dem Topf spritzt.
Erhitzen und das Suppenpulver dazugeben. Mit Salz und Pfeffer abschmecken.
Ca. 8 – 10 Minuten im geschlossenen Topf köcheln lassen und danach die gewaschenen und gewürfelten Zucchini zugeben.
Nochmals ca. 8 – 10 Minuten im geschlossenen Topf köcheln lassen.

Nach der Kochzeit die Zwiebel und die Lorbeerblätter aus dem Topf nehmen und mit dem Mixstab pürieren.

Tipp: Der Topf sollte nicht zu niedrig sein, damit beim Pürieren nichts aus dem Topf spritzt.

Anschließend die Sahne und die Milch zugeben und unter Rühren nochmals erhitzen.

Das Mehl mit etwas kaltem Wasser anrühren und damit je nach Bedarf zum Andicken der Creme-Suppe unterrühren.

Tipp: Es muss kaltes Wasser zum Anrühren sein, sonst klumpt die Suppe.

Abschmecken.

Für das Topping der Suppe wird die Butter in einer Pfanne erhitzt.

Die klein gewürfelten Brötchen darin gleichmäßig bräunen

Tipp: Die Brötchen sollten bereits am Vortag klein gewürfelt worden und leicht hart sein, dann werden die Croutons schön knusprig.

Nun noch das Basilikum für das Topping waschen und kleinschneiden.

Angerichtet wird die Suppe in tiefen Tellern.

Zuerst eine der Cremesuppen in den Teller geben und dann langsam mit einem Schöpflöffel die andere Cremesuppe in die Mitte des Tellers auf die bereits eingefüllte Cremesuppe geben.

Mit den Croutons und dem kleingeschnittenen Basilikum garnieren.

PS: Diese Suppe ist ein echter Hingucker.

Waffeln-Hacktaler-Rührei

Zeit: ca. 30 Minuten

Zutaten für 5 Waffeln:

Waffelteig:
120 g Margarine
4 Eier
200 g Mehl
150 ml Milch
1 Prise Salz
1 Prise Pfeffer

Hacktaler:
200 g Rinderhackfleisch
1 Ei
50 g Semmelbrösel
1 kleine Zwiebel (geschält, sehr klein gehackt)
1 Knoblauchzehen (geschält, klein gehackt)
1/2 Teelöffel Salz
1/2 Teelöffel Pfeffer

Rührei:
5 verquirlte Eier
1 Prise Salz

Außerdem:
Etwas Mehl zum Bemehlen der Hände
Etwas Öl oder Margarine für das Waffeleisen
Etwas Öl oder Margarine für das Braten der Hacktaler
Etwas Petersilie oder Schnittlauch für die Garnitur (gewaschen, klein geschnitten).

Zubereitung:

Die Margarine mit den Eiern in einer Rührschüssel auf höchster Stufe des Rührgeräts rühren.

Das Mehl, die Milch, das Salz und den Pfeffer zugeben und nochmals gut verrühren.
Tipp: *Mehl sieben, das verhindert die Klümpchenbildung.*

Ist der Waffelteig fertig, den Hacktaler-Fleischteig bereiten.
Dazu das Hackfleisch, das Ei, die Semmelbrösel und die Gewürze in eine Schüssel geben und alles gut vermengen.
Mit bemehlten Händen aus dem Fleischteig 5 ca. 15 cm Durchm. große flache Fladen drücken. Eine entsprechend große Schüssel darauf legen und mit einem Messer schöne Kreise ausschneiden.

Etwas Öl oder Margarine in einer Pfanne erhitzen und die Fleischtaler von beiden Seiten anbraten.
Gleichzeitig das Waffeleisen auf mittlere Hitze, Stufe 3 – 4, einstellen und erhitzen.
Ein Fünftel des Waffelteiges auf dem Waffeleisen verteilen und das Waffeleisen schließen.
Nach ca. 4 Minuten sollte die Waffel fertig sein. Den Vorgang wiederholen bis die 5 Waffeln gefertigt sind und der Teig verbraucht ist.

Anschließend noch die verquirlten Eier in einer mit etwas Öl oder Margarine erhitzten Pfanne geben und das Rührei fertigen.

Je Waffel mit einem Hacktaler und etwas Rührei füllen.
Mit Petersilie oder Schnittlauch garnieren.

Teil 2 – Brötchen, Gebäck und Kuchen

Apfelschmarrn-Käsekuchen

Zeit: ca. 80 – 90 Minuten

Zutaten für eine Kastenform:

4 Äpfel (ca. 430 g, gewaschen, geachtelt, Kerngehäuse entfernt, geschält, in kleine Würfel geschnitten)
1 Esslöffel Margarine zum dünsten der Apfelwürfel
1 Esslöffel Zucker
Zimt nach Geschmack
120 g Mehl
2 Eier
200 ml Milch
1 Prise Salz
1 – 2 Esslöffel Margarine zum Ausbacken der Pfannkuchen

Belag:
250 g Quark
80 – 90 g Zucker
2 Eier
1 Packung Vanillepudding
100 ml Sahne

Außerdem:
Etwas Margarine und Mehl zum Fetten und Bemehlen der Kastenform

Zubereitung:

Die Äpfel waschen, achteln, das Kerngehäuse entfernen, schälen, kurz ins Apfelbad geben und in
kleine Würfel schneiden.

Tipp: DasWürfeln geht mit den Zerkleinerungsgeräten, wie Nicer Dicer, super schnell.

Tipp: Apfelbad – Etwas Wasser in eine Schüssel geben, einen Spritzer Zitronensaft und eine Prise Salz

dazu und kurz durchrühren. Die Apfelstücke kurz darin baden. Dann werden sie nicht so schnell braun.

Anschließend wieder heraus nehmen und mit einem Küchenpapier abtupfen.

Die Margarine in der Pfanne erhitzen und die Apfelwürfel zugeben, mit einem Deckel abdecken und

ca. 5 Minuten dünsten. Ab und zu umrühren.

Zucker und Zimt kurz vor dem Ende des dünsten zugeben und vermengen.

Wenn die Apfelwürfel weich sind aus der Pfanne nehmen.

Mehl, Eier, Milch und Salz in einer Schüssel verquirlen.

Tipp: Das Mehl sieben. Das verhindert die Klümpchenbildung.

In die Pfanne, in der die Äpfel gedünstet wurden, etwas Margarine geben und wieder erhitzen.

Ein Drittel des Teiges in die Pfanne geben und in der Pfanne ausbacken, 1 x wenden, so dass ein

dicker Pfannkuchen entsteht. Den Vorgang 2 x wiederholen, also insgesamt 3 dicke Pfannkuchen

fertigen.

Die Pfannkuchen zerstückeln und wieder in die Pfanne geben und die zerstückelten Teile noch ein

bisschen bräunen.

Die gedünsteten Äpfel zugeben und kurz, ca. 1 – 2 Minuten, gemeinsam braten.

Den Apfelschmarrn in eine gefettete und bemehlte Kastenform füllen und gleichmäßig verteilen.

Danach den Belag fertigen.

Den Quark, den Zucker, die Eier und den Vanillepudding mit dem Rührgerät verrühren.

Zum Schluss noch die Sahne zugeben und nochmals mit dem Rührgerät durchrühren.

Die Masse vorsichtig über die Apfelschnitze gießen.

Im vorgeheizten Backofen mit Ober- und Unterhitze bei 180 °C auf mittlerer Schiene ca. 50 Minuten
backen.
Tipp: *Nach dem Backen, ca. 10 Minuten abkühlen lassen und dann auf ein Gitter stürzen aber in der Form abkühlen lassen bis die Füllung komplett fest geworden ist.*

P.S. *Apfelschmarrn ist ein tolles Hauptgericht. Also etwas mehr machen und zuerst als Mittagessen servieren und mit dem Rest dann den Käsekuchen machen.*

Apku-Zweku-Torte oder Apfel-Zwetschgentorte

Zeit: ca. 60 Minuten+ 45 Minuten Backzeit + Auskühlzeit

Zutaten für ein Backblech 32 cm x 39 cm:

Teig:
500 g Mehl
300 g Butter
200 g Zucker
1 Päckchen Vanillinzucker
1 Prise Salz
1 Ei

Zwetschen-Füllung:
900 g Zwetschgen (gewaschen, halbiert, entkernt)
250 ml Apfelsaft
1 Zimtstange
1 Esslöffel Zucker
1 Päckchen Vanillinzucker
1 Packung Vanillepuddingpulver
50 ml Apfelsaft

Apfel-Füllung:
5 Äpfel (ca. 1kg, gewaschen, geachtelt, Kerngehäuse entfernt, geschält, gewürfelt)
250 ml Apfelsaft
1 Päckchen Vanillinzucker
50 g Zucker
1 Packung Vanillepuddingpulver
50 ml Apfelsaft

Mascarpone-Quark-Füllung:
500 g Mascarpone

250 g Quark (Magerstufe)
250 g Schmand
70 g Zucker
2 Päckchen Sahnesteif

Außerdem:
Etwas Margarine und Mehl zum Fetten und Bemehlen des Blechs
1 Spritzer Zitronensaft und eine Prise Salz für das Apfelbad

Zubereitung:

Die Zutaten für den Teig in eine Rührschüssel geben.
Mit den Händen zu Streuseln verarbeiten.
2/3 des Streusels auf das mit Backpapier belegte Backblech zu einem
Kuchenboden flach andrücken
oder zu einem Knetteig verarbeiten und mit einem Wellholz in der Größe
des Backbleches ausrollen
und dann auf das gefettete und bemehlte Backblech legen.
Tipp: *Das Fetten der Form entfällt, wenn man ein Backpapier oder eine
Dauerbackfolie verwendet.*

Die Zwetschgen, die 250 ml Apfelsaft, die Zimtstange, der Zucker und der
Vanillinzucker in einen Topf
geben und zum Kochen bringen. Ca. 3 Minuten köcheln und immer wieder
umrühren. Die Zimtstange
wieder aus dem Topf nehmen.
Das Vanillepuddingpulver mit den 50 ml Apfelsaft anrühren.
Den Topf von der Kochstelle nehmen und das angerührte
Vanillepuddingpulver am besten mit einem
Schneebesen einrühren. Nochmals kurz aufkochen. Dabei ständig rühren,
damit die Masse nicht an
den Boden anbäckt.
Die Masse auf der Hälfte des Backblechs verteilen.

Die Äpfel waschen, achteln, das Kerngehäuse entfernen, schälen, kurz ins
Apfelbad legen und dann

würfeln.

Tipp: Das Würfeln geht mit den Zerkleinerungsgeräten, wie Nicer Dicer, super schnell.

Tipp: Apfelbad – Etwas Wasser in eine Schüssel geben, einen Spritzer Zitronensaft und eine Prise Salz

dazu und kurz durchrühren. Die Apfelstücke kurz darin baden. Dann werden sie nicht so schnell braun.

Anschließend wieder heraus nehmen und mit einem Küchenpapier abtupfen.

Die 250 ml Apfelsaft, den Vanillinzucker und den Zucker in einen Topf geben und zum Kochen

bringen. Die Apfelwüfel zugeben. Ca. 3 Minuten köcheln und immer wieder umrühren

Das Puddingpulver mit den 50 ml Apfelsaft anrühren.

Den Topf von der Kochstelle nehmen und das angerührte Puddingpulver, am besten mit einem

Schneebesen, einrühren.

Das Ganze nochmals kurz aufkochen. Dabei ständig rühren, damit die Masse nicht an den Boden

anbäckt.

Die Masse auf der anderen Hälfte des Backblechs verteilen.

Das restliche Drittel Streusel über die Apfel-Zwetschgenmasse streuen.

Den Backofen auf 175 °C, Ober- und Unterhitze vorheizen und das Blech in das untere Drittel des

Backofens schieben. Ca. 45 Minuten backen.

Wenn der Kuchenboden mit der Zwetschgen- und Apfelmasse komplett ausgekühlt ist, die

Mascarpone, den Quark, den Schmand und den Zucker in eine Rührschüssel füllen. Mit dem

Rührgerät glatt rühren. Das Sahnesteif unter Rühren einrieseln lassen.

Den Kuchen an der Trennstelle Zwetschen- / Apfelkuchen durchschneiden. Die Mascarponecreme

auf den Zwetschgenkuchen streichen.

Den Apfelkuchen in Stücke vorschneiden, bevor der Apfelkuchen auf den Zwetschgenkuchen gesetzt

wird. Damit wir gewährleistet, dass die Mascarponecreme beim Anschneiden nicht aus dem Kuchen
gedrückt wird.

Den Kuchen mehrere Stunden vor dem Servieren kalt stellen.

Bananenroulade-Mascarpone-Kastenformkuchen

Zeit: ca. 100 Minuten + Kühlzeit

Zutaten für ein Blech 32 cm x 39 cm:

Teig Roulade:
5 Eiweiß
90 g Zucker
1 Prise Salz
5 Eigelbe
90 g Mehl

Buttercreme:
400 ml Milch
50 g Zucker
1 Packungen Vanillepudding

200 g Butter (Zimmertemperatur)

Mascarponecreme:
500 g Mascarpone
400 g Schmand oder Sauerrahm
100 g Zucker
1 Päckchen Vanillin-Zucker
3 Blatt Gelatine

Außerdem:
Backpapier zum Auslegen des Bleches
Klarsichtfolie zum Abdecken des Puddings
3 Bananen
Kastenform-Backrahmen

Zubereitung:

Die Eier trennen.
Die Eiweiße fast steif schlagen. Dann den Zucker, Vanillinzucker und das Salz, während des Schlagens,
einrieseln lassen. So lange weiterschlagen bis das Eiweiß fest ist.
Tipp: Darauf achten, dass kein Eigelb zum Eiweiß fällt und die Rührschüssel fettfrei ist. Sonst wird das
Eiweiß nicht fest.
Dann die Eigelbe dazu geben und vorsichtig unterrühren.
Das Mehl nach und nach zugeben und mit einem Kochlöffel oder Teigspatel unterheben.
Tipp: Mehl sieben. Das verhindert die Klümpchenbildung.

Den Teig auf ein mit Backpapier ausgelegtes Blech glattstreichen
Tipp: Das Glattstreichen funktioniert am besten mit dem Rücken eines Esslöffels.
Das Blech mit dem Teig bei 190 °C auf die mittlere Schiene des Backofens geben und bei Ober- und
Unterhitze ca. 30 Minuten backen.
Nach dem Backen die Kuchenplatte mit dem anheftenden Backpapier längs aufrollen und aufgerollt komplett auskühlen lassen.

Zwischenzeitlich den Pudding für die Buttercreme vorbereiten.
350 ml Milch mit 50 g Zucker zum Kochen bringen.
Das Puddingpulver mit 50 ml kalte Milch anrühren.
Die erhitzte Milch von der Kochstelle nehmen und das angerührte Puddingpulver unter ständigem
Rühren eingießen.
Tipp: Am besten mit einem Schneebesen unterrühren.
Das Ganze nochmals kurz aufkochen. Dabei ständig rühren, damit die Masse nicht an den Boden
brät.
Dann den Topf wieder von der Kochstelle nehmen und so lange rühren bis der Pudding kalt genug ist,
dass eine Klarsichtfolie auf den Pudding gelegt werden kann.
Die Klarsichtfolie auflegen, damit sich keine Haut bildet und die Puddingmasse auf

Zimmertemperatur abkühlen lassen.

Wenn der Kuchen und die Puddingmasse komplett ausgekühlt sind, die Buttercreme
vervollständigen.
Hierzu die Butter, die nicht kälter als Zimmertemperatur ist in eine Rührschüssel geben und mit dem
Rührgerät schaumig schlagen.
Tipp: *Die Hälfte der Butter auf kleinster Stufe ca. 20 Sekunden in die Mikrowelle geben. So lässt sie*
sich schneller schaumig schlagen.
Nun etwas von der Puddingmasse zufügen und mit dem Rührgerät auf höchster Stufe unterrühren.
Nach und nach die Puddingmasse mit dem Rührgerät auf höchster Stufe unterrühren bis alles in der
Rührschüssel mit der Butter ist und sich eine schöne cremige Masse gebildet hat.

Die Roulade vorsichtig abrollen, damit sie nicht bricht und das Backpapier entfernen.
Die Buttercreme in die Roulade geben und gleichmäßig verteilen.
Von den Bananen die Spitzen abschneiden und auf die Buttercrememasse geben.
Die Roulade wieder aufrollen.

Um die Roulade einen Kastenform-Backrahmen geben.

Die Mascarpone, den Schmand, den Zucker und den Vanillin-Zucker in eine Rührschüssel geben und mit dem Rührgerät verquirlen.
Die Gelatine nach Packungsanleitung schmelzen.
1 Esslöffel Mascarponecreme der Gelatine zugeben und angleichen.
Anschließend die Gelatine der Mascarponecreme zügig mit dem Rührgerät unterrühren.

Die Creme auf der Roulade im Backrahmen verteilen und glatt streichen.

Nun für mindestens 2 Stunden kühl stellen bis die Buttercreme und Mascarponecreme fest geworden ist. Dann die Ränder mit einem Messer lösen und den Backrahmen vorsichtig entfernen.

Anschließend kann der Kuchen serviert werden.

Brioche-Muffin (Broiffin)

Zeit: ca. 3,5 Stunden inkl. Ruhezeiten

Zutaten für ca. 16 Stück:

Teig:
500 g Mehl Typ 550
1 Packungen Trockenhefe, 7 g
60 g Zucker
1,5 Teelöffel Salz
250 g Butter (Zimmertemperatur)
6 Eier

Außerdem:
Etwas Mehl zum Bemehlen der Hände
1 Eigelb zum Bestreichen
16 Muffin-Papierformen

Zubereitung:

Das Mehl, die Trockenhefe, den Zucker, das Salz, die Butter und die Eier in die Rührschüssel geben und zu einem zähen Teig verarbeiten.
Tipp: Das Mehl sieben. Das vermeidet die Klümpchenbildung.
Tipp: Die Zutaten sollten lauwarm sein bzw. Zimmertemperatur haben. Hefe liebt warme Zutaten.

Den Teig, mit einem Tuch abgedeckt, an einem warmen Ort ca.
1 1/2 Stunden gehen lassen.
Tipp: Bitte bei der Wahl der Schüssel beachten, dass der Teig sein Volumen in der Ruhezeit
vergrößert.
Tipp: Bei Verwendung eines Backautomaten, werden zuerst die flüssigen Zutaten in den Backautomat
gegeben, dann die festen Zutaten. Den Backautomat auf Teig einstellen.

Nach dieser Ruhezeit den Teig mindestens 1 Stunde in den Kühlschrank stellen, damit die Butter fest wird und ein Knetteig entsteht.

Vom Teig Stücke nehmen und mit bemehlten Händen Kugeln formen, von ca. 7 – 10 cm Durchmesser. Die Kugeln in die Muffin-Papierförmchen in einem Muffin-Blech geben.
Tipp: *Sollten Sie kein Muffin-Blech haben können die Muffin-Papierförmchen auch in Kaffeetassen gegeben werden.*
In die Kugeln kleine Mulden drücken und je eine kleine Kugel von ca. 3 cm Durchmesser darauf setzen und nochmals ca. 15 Minuten an einem warmen Ort gehen lassen.

Mit verrührtem Eigelb bestreichen.

Im vorgeheizten Backofen ca. 40 Minuten, bei Ober- und Unterhitze, bei 190 °C,
auf mittlerer Schiene backen.

Nach dem Backen die Papierförmchen sofort vom Muffin-Blech nehmen und auf einem Gitterrost
auskühlen lassen.

Croissants-Bagels (Cragel)

Zeit: ca. 60 Minuten + 4 x 30 Minuten Kühlzeit

Zutaten für 8 Mini Croissants-Bagels

Zutaten:
1 Packung Fertig-Blätterteig
oder
Selbstgemachter Blätterteig:
250 g Butter (kalt)
40 g Mehl

250 g Mehl
1 Teelöffel Zucker
1 Prise Salz
125 ml Wasser (eiskalt)

Guss:
150 g Puderzucker
1/2 Messerspitze rote Lebensmittelfarbe
1 Spritzer Zitronensaft

Außerdem:
Frischhaltefolie für die Teige
Backpapier für das Backblech

Zubereitung:

Zuerst wird der Blätterteig gefertigt, wenn man keinen Fertigblätterteig nimmt.
Dazu die 250 g Butter mit dem Mehl verkneten.
Tipp: Das Mehl sieben. Das vermeidet die Klümpchenbildung.

Anschließend in Frischhaltefolie wickeln und 20 – 30 Minuten in den Kühlschrank geben.

Ist die Mehl-Butter im Kühlschrank werden anschließend das Mehl, der Zucker, das Salz und das Wasser in eine Rührschüssel gegeben und zu einem Knetteig verarbeitet.
Tipp: Das Mehl sieben. Das vermeidet die Klümpchenbildung.
Diesen Teig ebenfalls in Frischhaltefolie wickeln und 20 – 30 Minuten in den Kühlschrank geben

Nach der Kühlzeit die Mehl-Butter aus dem Kühlschrank nehmen und auf der bemehlten Arbeitsfläche glatt drücken, ca 20 x 20 cm.
Den Knetteig zu einem Quadrat ca. 25 x 25 cm ausrollen. Die Mehl-Butter in die Mitte des ausgerollten Knetteigs legen und die Ecken, wie bei einem Briefumschlag, zur Mitte hin einschlagen.
Den Teig gut zusammendrücken, damit die Butter nicht heraus drücken kann.

Den Teig nun ca. 1 – 1,5 cm dick ausrollen und in Drittel zusammenklappen. Den Teig in Frischhaltefolie geben und ca. 30 Minuten in den Kühlschrank legen.

Nach der Kühlzeit, den Teig, gedrittelt ausrollen. Nochmals zu Drittel zusammenklappen und den Vorgang wiederholen.
Anschließend den Teig in Frischhaltefolie geben und ca. 30 Minuten in den Kühlschrank legen.

Nach der erneuten Kühlzeit, den Teig, gedrittelt ausrollen. Nochmals zu Drittel zusammenklappen und den Vorgang wiederholen.
Insgesamt wurde der Teig 5 x gedrittelt.
Anschließend den Teig in Frischhaltefolie geben und ca. 30 Minuten in den Kühlschrank legen.

Nach dieser letzten Kühlzeit kann der Teig verarbeitet werden.

Diesen Blätterteig zu einem Quadrat ca. 20 x 20 cm ausrollen oder den Fertigblätterteig von der Rolle abwickeln. Mit etwas kaltem Wasser bestreichen und die eine Hälfte auf die andere Hälfte legen und etwas

zusammen drücken. So entsteht auch ein ca. Quadrat von 20 x 20 cm in der Stärke von ca. 1,5 cm.
Mit einem Glas Kreise ausstechen und mit einem Apfelentkerner-Stecher in die Mitte ein Loch stechen, so dass Kringel entstehen.

Die Kringel auf ein mit Backpapier belegtem Backblech legen und nochmals ca. 30 Minuten an einen kühlen Ort stellen.
Tipp: Diese Ruhezeit sollte dem Teig unbedingt gegeben werden, sonst geht er nicht richtig auf.

Nach dieser Ruhezeit die Croissant-Bagels bei 200 – 220 °C auf mittlerer Schiene, bei Ober- und Unterhitze ca. 12 Minuten goldbraun backen.
Tipp: Eine Tasse Wasser auf den Backofenboden stellen. Die feuchte Luft fördert das Aufgehen des Blätterteiges.

Sind die Croissants-Bagels abgekühlt wird der Guss gefertigt.
Dazu die 150 g Puderzucker und wenn gewünscht, die rote Lebensmittelfarbe mit dem Zitronensaft anrühren, so dass ein sehr zähflüssiger rosa Guss entsteht.
Tipp: Den Puderzucker sieben. Das vermeidet die Klümpchenbildung.
Tipp: Sehr vorsichtig mit der Lebensmittelfarbe umgehen. Es reicht eine wirklich sehr minimale Menge um die rosa Farbe des Gusses zu bekommen.
Den Guss auf die Croissants-Bagels streichen und erstarren lassen.
Die Croissants-Bagels können aber auch nur mit Puderzucker bestreut werden.

Croissants-Donuts (Cronuts)

Zeit: ca. 60 Minuten + 3 x 30 Minuten Kühlzeit

Vorbemerkung:

Beim Arbeiten mit flüssigem Fett und Öl im Topf bitte sehr vorsichtig sein. Nie unbeaufsichtigt lassen
und einen Topf verwenden, der hoch genug ist, wegen der Spritz- und Brandgefahr. Sollte das Öl oder
Fett einmal brennen, <u>NIEMALS</u> mit Wasser löschen. Evtl. falls möglich, mit einem Deckel abdecken.
Das Feuer erlischt, wenn es keinen Sauerstoff mehr bekommt.

Zutaten für 8 Mini Croissants-Donuts

Zutaten:
1 Packung Fertig-Blätterteig
oder
Selbstgemachter Blätterteig:
250 g Butter (kalt)
40 g Mehl

250 g Mehl
1 Teelöffel Zucker
1 Prise Salz
125 ml Wasser (eiskalt)

Guss:
150 g Puderzucker
1/2 Messerspitze rote Lebensmittelfarbe
1 Spritzer Zitronensaft

Außerdem:
Frischhaltefolie für die Teige

500 g Pflanzenfett
Papiertuch zum Abtropfen der Croissants-Donuts

Zubereitung:

Zuerst wird der Blätterteig gefertigt, wenn man keinen Fertigblätterteig nimmt.
Dazu die 250 g Butter mit dem Mehl verkneten.
Tipp: Das Mehl sieben. Das vermeidet die Klümpchenbildung.
Anschließend in Frischhaltefolie wickeln und 20 – 30 Minuten in den Kühlschrank geben.

Ist die Mehl-Butter im Kühlschrank werden anschließend das Mehl, der Zucker, das Salz und das Wasser in eine Rührschüssel gegeben und zu einem Knetteig verarbeitet.
Tipp: Das Mehl sieben. Das vermeidet die Klümpchenbildung.
Diesen Teig ebenfalls in Frischhaltefolie wickeln und 20 – 30 Minuten in den Kühlschrank geben

Nach der Kühlzeit die Mehl-Butter aus dem Kühlschrank nehmen und auf der bemehlten Arbeitsfläche glatt drücken, ca 20 x 20 cm.
Den Knetteig zu einem Quadrat ca. 25 x 25 cm ausrollen. Die Mehl-Butter in die Mitte des ausgerollten Knetteigs legen und die Ecken, wie bei einem Briefumschlag, zur Mitte hin einschlagen.
Den Teig gut zusammendrücken, damit die Butter nicht heraus drücken kann.

Den Teig nun ca. 1 – 1,5 cm dick ausrollen und in Drittel zusammenklappen.
Den Teig in Frischhaltefolie geben und ca. 30 Minuten in den Kühlschrank legen.

Nach der Kühlzeit, den Teig, gedrittelt ausrollen. Nochmals zu Drittel zusammenklappen und den Vorgang wiederholen.
Anschließend den Teig in Frischhaltefolie geben und ca. 30 Minuten in den Kühlschrank legen.

Nach der erneuten Kühlzeit, den Teig, gedrittelt ausrollen. Nochmals zu Drittel zusammenklappen und den Vorgang wiederholen.
Insgesamt wurde der Teig 5 x gedrittelt.
Anschließend den Teig in Frischhaltefolie geben und ca. 30 Minuten in den Kühlschrank legen.

Nach dieser letzten Kühlzeit kann der Teig verarbeitet werden.

Diesen Blätterteig zu einem Quadrat ca. 20 x 20 cm ausrollen oder den Fertigblätterteig von der Rolle abwickeln. Mit etwas kaltem Wasser bestreichen und die eine Hälfte auf die andere Hälfte legen und etwas zusammen drücken. So entsteht auch ein ca. Quadrat von 20 x 20 cm in der Stärke von ca. 1,5 cm.
Mit einem Glas Kreise ausstechen und mit einem Apfelentkerner-Stecher in die Mitte ein Loch stechen, so dass Kringel entstehen. Die Kringel nun nochmals ca. 30 Minuten an einen kühlen Ort stellen.
Tipp: *Diese Ruhezeit sollte dem Teig unbedingt gegeben werden, sonst geht er nicht richtig auf.*

Dann das Pflanzenfett in einen Topf geben und erhitzen. Wenn es heiß genug ist auf kleine Flamme stellen. Bei 9 Stufen, auf Stufe 2 bis max. 4.
Tipp: *Ein kleines Stückchen Teig in das flüssige Fett geben. Wenn es beginnt Bläschen um den Teig zu*
bilden ist das Fett heiß genug.
Bei Verwendung einer Friteuse, die Temperatur auf 180 °C – 190 °C einstellen.
1 – 2 Stück, der flachen Kringel in den Topf geben. Es muss so viel Fett im Topf sein, dass die Kringel
schwimmen. Beide Seiten goldbraun ausbacken. Die Kringel gehen um ca. 70 % auf.

Sind die Croissants-Donuts goldbraun ausgebacken, nimmt man sie aus dem Topf/Friteuse und lässt sie auf einem Papiertuch abtropfen.

Sind die Croissants-Donuts abgekühlt wird der Guss gefertigt.
Dazu die 150 g Puderzucker und die rote Lebensmittelfarbe mit dem Zitronensaft anrühren, so dass ein sehr zähflüssiger rosa Guss entsteht.
Tipp: *Den Puderzucker sieben. Das vermeidet die Klümpchenbildung.*

Tipp: Sehr vorsichtig mit der Lebensmittelfarbe umgehen. Es reicht eine wirklich sehr minimale Menge um die rosa Farbe des Gusses zu bekommen.

Den Guss auf den Croissants-Donuts streichen und erstarren lassen.

Ei-Cupcake mit Schnittlauchdip-Topping

Zeit: ca. 30 Minuten + ca. 30 Minuten Backzeit + Auskühlzeit

Zutaten für 6 Stück:

Cupcake-Teig:
400 g Mehl
2 Teelöffel Backpulver
1 Prise Salz
2 Eier
150 g / 1 Becher Joghurt (natur)
150 g Schwarzwälder Schinken oder Katenschinken (gewürfelt)
1 Apfel (ca. 130 g, gewaschen, geschält, geraspelt)
100 g geriebener Käse (Bergkäse, Edamer, Gouda)

6 kleine Eier (fast hartgekocht)

Topping:
400 g / 2 Becher Schmand oder Sauerrahm oder Crème fraiche
1 Bund Schnittlauch (gewaschen, in feine Ringe geschnitten)
1 Prise Salz
Etwas getrockneten Knoblauch (gemahlen)

Außerdem:
6 Muffin-Förmchen
1 Muffin-Blech oder 6 Kaffeetassen
1 Spritzbeutel (Einweg-Spritzbeutel) mit mittlerer Tülle
Etwas geschnittenen Schnittlauch für die Garnitur

Zubereitung:

Das Mehl, das Backpulver, das Salz, die Eier, den Joghurt in eine Rührschüssel geben.

Tipp: *Das Mehl und das Backpulver sieben. So wird die Klümpchenbildung vermieden.*
Den Schwarzwälder Schinken/Katenschinken fein würfeln und zu den anderen Zutaten geben.
Den Apfel waschen, achteln, das Kerngehäuse entfernen, schälen und raspeln-
Die Apfelraspel zu den Teigzutaten in die Rührschüssel geben.
Den Käse reiben und den Teigzutaten beifügen.
Alles gut verkneten.

6 Eier in leicht siedendem, nicht kochenden, Wasser 6 Minuten garen.
Danach in kaltes Wasser legen, damit sie nicht weiter garen und schnell kühl genug sind zum Pellen.

Die Eierschale vorsichtig entfernen.
Etwas Teig nehmen und in der Hand oder auf der Arbeitsfläche zu Fladen formen. Den Fladen um das Ei geben und in der Hand so lange hin und her rollen, bis der Teig das Ei komplett umschlossen hat.

Die Muffin-Förmchen in ein Muffins-Blech oder in Kaffeetassen geben. Das mit Teig umwickelte Ei in das Muffin-Förmchen geben und oben etwas platt drücken.
Den Vorgang wiederholen bis die Eier und der Teig verbraucht sind.

Die Cupcakes im vorgeheizten Backofen ca. 30 Minuten, Ober- und Unterhitze, bei 200 °C,
auf mittlerer Schiene backen.
Nach dem Backen die Cupcakes vom Muffins-Blech bzw. aus den Kaffeetassen nehmen und auf einem Gitterrost auskühlen lassen.

Sind die Cupcakes ausgekühlt folgt noch das Topping.

Dazu den Schnittlauch waschen und mit der Schere in dünne Ringe schneiden.
Die Schnittlauchringe unter die saure Sahne/den Schmand rühren und mit Salz und dem geriebenen,
getrockneten Knoblauch abschmecken.

Den Schnittlauchdipp in einen Spritzbeutel mit mittlerer Tülle geben und kreisförmig auf die Cupcakes spritzen.

Tipp: *Schnittlauch kann täglich zu sich genommen werden. Schnittlauch ist sehr gesund!*

Bis zum Verzehr kühl stellen.
Kurz vor dem Verzehr noch mit frisch geschnittenen Schnittlauchringen garnieren.

PS: *Diese Cupcakes s sind geniale Hingucker bei Partys.*

Strudel im Strudel

Zeit: ca. 30 Minuten + mindestens 90 Minuten Ruhezeit + 35 – 40 Minuten
Backzeit

Zutaten für 2 Strudel:

Teig:
500 g Mehl
1 Packung Trockenhefe
100 g Zucker
1 Prise Salz
90 g Butter oder Margarine
1/2 Teelöffel gemahlenen Anis
3 Eier
100 ml Milch

Mohnfüllung:
200 g Mohn (gemahlen)
1/8 l Milch
50 g Honig (flüssig)
50 g Zucker

Nussfüllung:
200 g Haselnüsse (gemahlen)
1(8 l Milch
50 g Honig (flüssig)
50 g Zucker

Außerdem:
50 g Butter (geschmolzen) zum Bestreichen der Teige, innen und außen.

Zubereitung:

Das Mehl, die Trockenhefe, den Zucker, das Salz, die Butter/Margarine, den Anis und die Eier in die
Rührschüssel geben und vermengen.
Tipp: Das Mehl sieben. Das vermeidet die Klümpchenbildung.
Die Milch lauwarm erwärmen und zu den anderen Zutaten in die Rührschüssel geben und einen
Knetteig daraus fertigen.
Tipp: Die Milch darf nur lauwarm sein, nicht heiß. Hefe liebt warme Zutaten, aber keine heißen
Zutaten. Sind die Zutaten zu heiß geht der Teig nicht richtig auf.
Den Teig, mit einem Tuch abgedeckt, an einem warmen Ort ca. 1 1/2 Stunden gehen lassen.
Tipp: Bitte bei der Wahl der Schüssel beachten, dass der Teig sein Volumen in der Ruhezeit
vergrößert.
Tipp: Bei Verwendung eines Backautomaten, werden zuerst die flüssigen Zutaten in den Backautomat
gegeben, dann die festen Zutaten. Den Backautomat auf Teig einstellen.

Danach den Teig in 2 Teile schneiden und je ca. 1,5 cm dick, ausrollen.
Die 50 g Butter schmelzen und die Hälfte davon verwenden um dei Teigplatten dünn damit zu bestreichen.

Die Zutaten für die Mohnfüllung in eine Rührschüssel geben und gut miteinander vermischen.
Die Zutaten für die Nussfüllung in eine Rührschüssel geben und gut miteinander vermischen.

Dann die Hälfte der Mohnfüllung, längs bis zur Mitte der ersten Teigplatte gleichmäßig einstreichen.
Tipp: Das funktioniert am besten mit dem Rücken eines Esslöffels.
Die Hälfte der Nussfüllung auf die andere Hälfte der Teigplatte geben und ebenfalls gleichmäßig verteilen.
Tipp: Das funktioniert am besten mit dem Rücken eines Esslöffels.
Den Vorgang mit der 2. Teigplatte wiederholen.

Danach die Teigplatten zu einem Strudel aufrollen und die Enden etwas einschlagen.

Tipp: Wenn 1/3 einer Masse und 2/3 der Masse auf die Teigplatte gegeben wird und von der Seite her aufgerollt wird auf der sich das eine Drittel befindet, wird es von jeder Masse ziemlich gleich viele Wicklungen ergeben. Bei 50 % und 50 % wird es mehr Wicklungen von der Masse geben, die sich auf der Seite befindet von der man beginnt aufzuwicklen.

Die Strudel nebeneinander auf ein mit Backpapier belegtes Blech legen und mit der restlichen geschmolzenen Butter einstreichen.

Die Strudel im vorgeheizten Backofen ca. 40 – 45 Minuten, bei Ober- und Unterhitze,
bei 190 °C, auf mittlerer Schiene backen.

PS: *Dieser Hefeteig ist auch wunderbar für Dampfnudeln, Hefezopf oder Apfelküchlein geeignet.*

Windiner (Windbeutel-Berliner)

Zeit: ca. 60 Minuten

Vorbemerkung:

Beim Arbeiten mit flüssigem Fett und Öl im Topf bitte sehr vorsichtig sein.
Nie unbeaufsichtigt lassen
Einen Topf verwenden, der hoch genug ist, wegen der Spritz- und
Brandgefahr. Sollte das Öl oder das Fett einmal brennen, NIEMALS mit
Wasser löschen. Evtl. falls möglich, mit einem Deckel abdecken.
Das Feuer erlischt, wenn es keinen Sauerstoff mehr bekommt.

Zutaten für 8 - 9 Windiner

Zutaten:
250 ml Wasser
50 g Butter
1 Prise Salz
150 g Mehl
4 Eier

Füllung:
250 g rote Marmelade/Konfitüre

Guss:
150 g Puderzucker

Außerdem:
500 g Pflanzenfett
Papiertuch zum Abtropfen der Windiner
Etwas Mehl für die Hände, zum Fertigen der Fladen

Zubereitung:

Das Wasser, die Butter und das Salz in einen Topf geben und zum Kochen bringen. Den Topf von der Herdplatte nehmen und das Mehl dazu geben , und verrühren. Nochmals auf die Herdplatte geben und zu einem glatten Kloß rühren.

Den Topf wieder von der Herdplatte nehmen und die Eier nach und nach unterrühren.

Die Masse erkalten lassen.

Die Hände mit Mehl bestäuben, zu ca. 2,5 cm dicke Fladen drücken und mit einem Glas Kreise ausstechen, Durchmesser ca. 5 cm.

Dann das Pflanzenfett in einen Topf geben und erhitzen. Wenn es heiß genug ist auf kleine Flamme stellen. Bei 9 Stufen, auf Stufe 2 bis max. 4.

Tipp: *Ein kleines Stückchen Teig in das flüssige Fett geben. Wenn es beginnt Bläschen um den Teig zu*
bilden ist das Fett heiß genug.

Bei Verwendung einer Friteuse, die Temperatur auf 180 °C – 190 °C einstellen.

1 – 2 Stück, der flachen, runden Fladen/Kreise in den Topf geben. Es muss so viel Fett im Topf sein, dass die Kreise schwimmen. Beide Seiten unter mehrfachem Wenden goldbraun ausbacken, je Stück ca. 7 Minuten. Bitte beachten: Die kleinen Fladen gehen um ca. 70 % auf und erreichen Berliner-Größe.

Sind die Windiner goldbraun ausgebacken, nimmt man sie aus dem Topf/Friteuse und lässt sie auf einem Papiertuch abtropfen.

Sind die Windiner einigermaßen abgekühlt werden sie mit Hilfe eines Spritzbeutel mit Röhrchenaufsatz mit roter Marmelade/Konfitüre befüllt. Abschließend mit Puderzucker besieben.

PS: *Windiner schmecken genauso lecker wie Berliner.*

Notizen

Herstellung und Verlag:
BoD - Books on Demand, Norderstedt
ISBN 978-3-7347-9827-6